Vishwaatmaa

Vishwaatmaa

MADHUP PANDEY

PARTRIDGE
A Penguin Random House Company

ISBN: Hardcover   978-1-4828-2078-2
             Softcover   978-1-4828-2077-5
             eBook   978-1-4828-2076-8

To order additional copies of this book, contact
Partridge India
000 800 10062 62
orders.india@partridgepublishing.com

www.partridgepublishing.com/india

CONTENTS

BIO-DATA

Name	:	Prof. Madhup Pandey
Address	:	11, Deotale Layout, Near Ambazari Garden, Nagpur—440 033, Maharashtra, India.
Mobile	:	09422111511
E-mail	:	hasyakavi.madhuppandey@gmail.com
Trait	:	Renowned compere & convener of Akhil Bhartiya Kavi Sammelans (Hindi poets' meets) throughout India & abroad, magnetic satirist and a creative poet of repute.

Collection:

- 'Hasya Aur Vyangya—Madhup Pandey Ke Sang'
  Pocket Book Edition: Diamond Pocket Books, New Delhi,
- 'Chuteelee Chikotiyaan' Pocket Book Edition: Diamond Pocket Books, New Delhi
- 'Meethi Mirchiyaan' Pocket Book Edition: Diamond Pocket Books, New Delhi

Publications:

Poems prominently embodied in 'The Shreshtha Hasya Vyangya Kavitayen', a national Hindi anthology of humour & satire, every year since 1984.

Poetry Columns:

Peerless record of ceaseless writing a popular poetical satire column 'Madhupji' for past four decades in Hindi Daily 'Navabharata' published simultaneously from Maharashtra, Madhya Pradesh & Chhattisgarh. Also regular satire columns in many famous journals & magazines including 'Sanmarga' (Kolkata), 'Aaj Ka Aanand' (Pune) and 'Dheer' (Bangaluru).

Specific:

- Invited & honoured in the poets meets held during the Sixth Hindi Vishwa Sammelan, London and Fourth Hindi Vishwa Sammelan, Mauritius.
- Honoured with 'Padmashree Kaka Hathrasi Puraskar', the highest national award in the genre of humour & satire.
- Enthral His Excellency, The then President of India, Late Dr. Shankar Dayal Sharma with the popular poem 'Maa'—('Mother' the first chapter of "Vishwaatmaa" book) at Rashtrapati Bhavan on his invitation. The event was telecasted on the national television.
- Had a privilege to meet and present the book "Vishwaatmaa" to Hon'ble Shri Pranab Mukherjee, President of India.
- Renowned poet and compere of National Television, other TV channels, All India Radio & BBC Radio.
- Honoured with 'Hindi Sevi Samman' by Maharashtra Rajya Hindi Sahitya Academy.
- Convened, compeered and recited in more than 10,000 Akhil Bhartiya kavya Samarohas.

About the Title of the book . . .
"Vishwaatmaa"

"Vishwaatmaa" The title of the book is a new word coined by joining three words taken from Hindi language.

      First   : Vishwa—means Universe
      Second : Aatma—means Soul
      Third   : Maa—means Mother

Mother is the soul of universe. Poet Madhup Pandey has lent a new definition to the infinite role of the Mother and eternal power of mother's love.

About the Author's creation . . .

Collection of Poems penned by Madhup Pandey, published by Diamond Pocket Books, New Delhi, India.

'Hasya Aur Vyangya
- Madhup Pandey Ke Sang'

'Meethi
Mirchiyaan'

'Chuteelee
Chikotiyaan'

About the author's creation . . .

Much acclaimed collection of Poems penned by Madhup Pandey

'Vishwaatmaa' Collection of poems
(Original Work in Hindi)

'Vishwaatmaa' Collection of poems
(TRANSLATED IN ENGLISH)

Madhup Pandey being honoured by
Hon'ble Late Dr. Shanker Dayal Sharma,
Past President of India.

Madhup Pandey presenting a copy of
'Vishwaatmaa' to Hon'ble Shri Pranab Mukherjee,
President of India.

About the author's creation...

'Vishwaatmaa' - a Coffee Table Book was formally launched at Nagpur. World renowned poet Surendra Sharma was the chief guest. Other V.V.I.Ps seen on the dias are Shri Nitin Gadkari, National president, Bhartiya Janata Party, Shri Anil Deshmukh, State Minister, Govt. of Maharashtra, Shri Avinash Pande, Member of Parliament, Govt. of India and Ms. Mitul Pradeep, daughter of late Shri Kavi Pradeep.

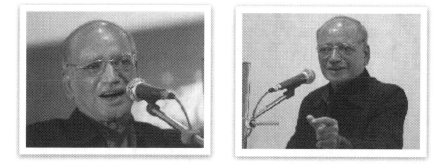

Shri Madhup Pandey reciting the poems from 'Vishwaatmaa' at the Launch.

Madhupji—

Profound Persona ... Astounding Achievements

Truly, Madhup Pandey is a name of renowned compere & powerful satirist, who often recites humourous & sarcastic poems and often as a compere he makes the poets meet colourful through his wit, be it the national telecast on Door Darshan TV or on a stage in city, suburb or the metropolis!

He is one, who was fortunate enough to be conferred 'Sahitya Shree' at the hands of President of India. He has set a peerless record of writing the chaff & resolute, poetic column 'Madhupji' for four decades in popular Hindi Daily 'Navabharat'.

He was given the highest national award of humour & satire genre Padmashree Kaka Hathrasi Puruskar and 'Hasya Ratna'.

Thus there are several achievements for which we know and recognize him as skilled artist of humour and satire. We approve his mastery in the field. It is that writing which discovers humour amidst anomalies and tickle us, irritate us attacking the divergent values.

But there is one more truth. Apart from this, his pen brings forth the philosophy of life piling up the voice of belief and clear faith on humanity and secures such works, which cannot be mustered in the trait of an adjective. The work is so significant that it becomes an adjective in itself. 'Vishwaatmaa'—is one such peculiar work. Peculiar is it's language, it's craft! It's subject, it's fact! And peculiar is the eternal truth driven home in the form of poetry!

Such is the depth & seriousness that the circle of the thinkers brood over it and such is the simplicity and ease that thousands from audience sitting at the marketplaces & cross roads are mesmerized to hear it.

This is our humble attempt to get introduced with the same 'truth'.

Shri Vinod Maheshwari, the editor of Hindi Daily 'Navabharat' made a decade ago his valuable contribution in introducing the initial part of the same 'truth' of 'Mother'. Acknowledging gratitude towards him, we feel overweening in redeeming our pledge to bring forth before you, the extended work of Madhupji 'Vishwaatmaa' created by his relentless study, meditation and reasoning.

Avinash Pande, M.P.
President: Kavi Pradeep Foundation

Sharing Together: Our Own Feelings

An anxious man asked the great philosopher Bertrand Russell, whether he can set forth what the Third World War will be like? He replied 'No, I can't guess the Third World War, but I know certainly, how the Fourth World War will be like?' 'How will it be?' Asked the anxious man. The great philosopher answered with distress—'The Fourth World War will be fought with stones, like the primitive man did in Palaeolithic ages.'

The **Tandava** (Shiva's Dance of Destruction) of violence, upon which man is bent, imply the very annihilation of human civilization as a fallout. Russell was horrified that The Third World War will destroy the human civilization and he will land into stone age again.

As I was struck with the concern of the great philosopher, the resonance of one of my poems 'Maa' (The Mother) reached to His Excellency, the then President Dr. Shankar Dayal Sharma. He invited and felicitated me at Rashtrapati Bhavan and perceived the verse with rapt attention. Say it a coincidence or just self inspiration, that His Excellency led me to the solution of the churning with which my heart & soul was engrossed, in my poem 'Maa' and ardently induced the direction that only motherly love can prevent the vehemence of the world, sitting atop the pile of explosives. Abiding by the guidance of His Excellency my pen has tried to embody the world wide features of the mother amplifying it into 'The Nation Mother' & 'The Universe Mother'. Only the love of mother has the might to deviate the human civilization and stop it from moving back to the Stone Age.

While interpreting the grandeur of the mother, it was but natural to meet with the idea of 'Dignity of Father', being included into the 'Greatness of Mother'. Thus, the poem 'Father' came into being to give the idea a concrete shape.

Mother has her own entity & personality. In the same way father too has his own entity & personality. Inspite of being different entities

& personalities, both are corollary to each other. I have raised the same idea through the common pitch of the Father and the Mother.

In this poetic flux, connoisseurs will surely witness the fact, that though title and text of the poems are varied, yet somewhere they are tied into the same thread—there is an esoteric current, moving ceaselessly in this book of poems.

I'm confident, the keen readers will surely be happy to go through this chaste & winsome, undercurrent of aesthetics in the verse.

Yours Own . . .
—*Madhup Pandey*

Mother

Vishwaatmaa

My dear Selfsame,

A child, while attempting to speak out for the first time ever, gathering all the energy of his body, utters the words . . . words come to his tongue . . . collide with the lips . . . and shake after the collision. There is neither the delicacy of word formation in this shaking, nor the syntax of uttering!

But the mother,

And it is the mother 'only', who subscribes to the shaking of the words . . . do encourage . . . and make the gesture to ward off evil eyes.

Please think over it,

Had the mother not encouraged at the moment . . . had she not warded off evil eyes . . . could human civilization have ever learnt to speak?

A child, when attempts to walk about for the first time ever, gathering all the strength of his body, gets up . . . toddles . . . tumbles . . . there is neither the delicacy of balance in this tumbling, nor the syntax of toddling!

But the Mother,

And it is the mother 'only', who subscribes to the tumbling of the child . . . do encourage . . . and wards off evil eyes.

Please think over it,

Had the mother not encouraged at that moment . . . had she not warded off evil eyes, could the human civilization have ever learnt to march?

That is why,

Some 'word-erudite' has described the mother like this: God created the child and since he could not stay with every child, he created the 'mother'!

And perhaps creating some other creation, over this 'creation' of the Creator, was not possible, so his 'creation' only has created this 'creation' through me!

I am assured; I will win 'the motherly-love' in you . . . . . .

Mother

I' m tempted to compare thee

With the fathomless sea

But just then

I' m reminded of something

And I hesitate

Because while you indeed are

As profound as the sea

And as serene

Yet it is equally true

That of its salty savour

There is no trace in you.

 Mother

 The sweetness of your milk

 Washes away

 The salty taste of the sea

 And it occurs to me

 That a comparison with the sea

 Just won't do for thee

Mother

I'm tempted to compare thee

With a mountain peak

But something occurs to me

And I hesitate

Because while you are as tall

As the highest mountain peak

And as unshakable

Yet it is equally true

That of the mountain's stony hardness

There is no trace in you.

> *Mother*
>
> *In the gentleness of your heart*
>
> *The hardness of the mountain*
>
> *Melts away*
>
> *And it occurs to me*
>
> *That a comparison*
>
> *With the mountain*
>
> *Just won't do for thee*

Mother

I' m tempted to compare thee

With the sky overhead

But something occurs to me

And I hesitate

Because while you are

As vast as the sky

And while I do see your reflection

In the spotless blue

Yet it is equally true

That of the remoteness of the sky

There is no trace in you.

    Mother

    The endless distance to the sky

    Shrinks in your lap

    And it occurs to me

    That a comparison with the sky

    Just won't do for thee

Mother

I'm tempted to compare thee

With the sun in the heaven above

But something occurs to me

And I hesitate

Because while you do possess

The life-giving power of the sun

And are full of love and affection

Yet it is equally true

That of the searing heat of the sun

There is no trace in you.

> *Mother*
>
> *The sun's scorching heat*
>
> *Cools down*
>
> *In the shade of your love*
>
> *And it occurs to me*
>
> *That a comparison*
>
> *With the sun*
>
> *Just won't do for thee*

Mother

Poets may not agree

But I feel it is unfair

To compare you

With anything anywhere

You are simply beyond compare

So wherever there is a comparison

It always diminishes your worth.

There is none other

Like you mother.

Mother

To portray what you are

Is no child's play

How you care for

How you caress your child!

In your gentle patting

There's music low and high.

You wrote on adolescent hearts

With the ink of love

A lyrical bond

Which is, in itself

A ghazal, a sonnet, a song

There's nectar

Which perennially flows

In the veins of the youth

It's the journey's fare

The step and the route

"Mother"

This word is in itself

An emotion divine and devotion

Strength, prowess, resolution

A joy and a fest and zest

Aarti and pooja and praise

Revered and sacred and holy

Delightful and joyous and lovely

A flower and fragrance and incense

A breath of the sweetest of seasons

Calm and benign and chaste

The point where one meditates

The anther, the leaves

Austerity, penance, sacrifice

Surrender and the act of creation

The view and the power of vision

The eye, the lash, the reflection

The sight, the figure, the fascination

The past, the present, the future

The offering, the sacrificial fire

The note, the octave, the bars

Prayer, praarthana and namaaz

'Sur' and 'Shlokas' and parables

Heaven and the land of mortals

Mary and Fatima and Seeta

The Bible, the Koran, the Geeta

The talent, the artist, the judge

The patron, the genius and his touch

The sign, the endless road, the bend

The source sans a beginning or an end

Mother is colour and beauty and joy—

She's a reflection

Of that which we call perfection

Mother

You are a feel

Sometimes it appears

That but for this feel

We wouldn't have wept tears

At a neighbour's bleeding injuries

Because we wouldn't have seen

That when a child cries

Tears well up

In the mother's eyes

Physiology tells us

That they groan

Who sustain an injury.

But mother's love awakens

The well-springs of sympathy

That's how a stream

Of tears flows

When we see the pain

Of our fellows

"Mother"

Is a word

And I think but for it

Mute would be the civilized world

But for mother

We would never learn

How to talk

Because she lovingly applauds

The lisping of babyhood

That's how we learn

To speak as we should

Mother

Is a sensation

And I think but for it

Our hearts would never open up

We would be insensible

To the sorrows others feel

And wouldn't share heartaches

With someone who could heal

It's mother

Who awakened in our hearts

The softer sentiments

And we learnt to immerse

In the sorrows of others

Mother

Is a faith

And I think but for it

We wouldn't have stood

To full manhood

As a matter of fact

We wouldn't have stood

On our own feet

It's mother who taught us

To rise and stand tall

After every fall

If we have climbed all the way

To this high point of civilization

It's all because mother's love

Has been our illumination.

I wonder how the pearl

Of human kindness

Would have been cultured

In the oyster of civilization

If mother hadn't nurtured us

We couldn't have found

What we really are

And we would only starve

For the joy of—

Family and home

Love sweet and warm

A life-building lesson

A lapful affection

Tales that teach

A child's lisping speech

Giving mother a thrill

Who wards off evil

Toys that make us dance

Make-believe fawns

The melodious mynah

A tongue heart-winner

Birds that twitter

Chirp, cheep and chatter

Dolls for our play

Grandma sweet and grey

Protection and care

A wish-world so near

Milk when we cry

Sweet lullaby

Dearest Uncle Moon

Ties struck up soon

Searching for the way

To where grandma stays

A grandma who regales

With endless fairytales

Told and untold

Centuries old

A gentle voice afloat

Gems of anecdotes

Who'll not be dumb

If mother is mum?

■   ■   ■

The Nation Mother

Vishwaatmaa

. . . When a mother gives birth to a child, she not only gives birth to a child, but at the same time it is her rebirth. This process of giving birth and being born does not occur at the moment of child birth only, rather it begins from the moment whence she experiences throbbing of life in the womb. It is the mother's mother, who works to keep alive the throbbing of life. Yes, mother's mother i.e. The Nation-Mother!

Not only recognition, it is science-proven truth that human body is made of 'Panchatatva (five elements)'. These five elements, the earth, water, fire, sky & air are the heritage of any nation. Nation supplies its five elements to the 'mother', in whose womb the child experiences the throbbing of life.

Apparently, the 'mother' nurtures the child budding in her womb but stealthily it is the 'nation', like a 'mother' which nurtures the 'mother' rearing the child in her womb.

My Dear Self same,

In the process of creating 'mother', this eternal experience of wisdom has sprouted the concept of 'The Nation Mother' in my heart and soul, which I have endeavoured to express . . .

■   ■   ■

My Mother and yours,

His and hers,

Mothers of all of us,

Even these Mothers have a mother—

Oh yes,

The mother of Mothers—

Motherland.

The mother who

Infuses pulsing life

In the Mother's womb,

Before the baby is born

And like a sparrow

Keeps you warm

And incubates the present

For the sake of the time to come

And when that present is born

This Mother supplies you with

Air to breathe

Gives you the earth to walk on

And for holding your head high

Spreads, like a canopy,

The high dome of the sky

Fetches water

To sustain life

And for cheerful energy

Hunts for fire.

She is the one

Who gifts you this ease

In her lap, safe and sure

The nation sleeps in peace

In the early, dark hours

She leads the sun—about to soar—

And holding him by the finger

Brings him to our door

And when gentle warm sunshine

Fall on us,

We are bathed, as it were,

In love ever new

Regaling our ears

Is the chirping of birds,

The koel's kuhoo.

Through them Motherland

Expresses her love for me and you.

"Awake my child,

It's morning light.

Dew drops are gently giving

An ablution to nature."

The heat of midday

Inspires you to work

And shapes up pearls

From sweat-drops

In the oyster of labour.

Thus Motherland

Cherishes in her eyes

The dreams of the future

The sun declines,

The evening falls.

From the folks who work the soil

Nature carries home, on her back,

The tiresome load of the day's toil

And that's when Motherland

Quietly invokes the night,

So that you and I

Might coolly go off to sleep

Lulled by her sweet lullaby

That's why when someone

Tries to give Motherland a fright

Her sons spring to their feet

Ready to fight.

They swing into action

Out to lay their lives,

So that the smile should stay

On Motherland, gentle and kind.

For, if something happens

To wipe away her smile

How would the future

Find the joy of—

The fragrant morning hour,

The perfume of a flower,

Birds' tweet tweet,

A koel-song sweet

The breeze unbarred

Dancing in the yard,

Lush environs and

A home and homeland

A bright sunshine

Meaning labour time,

The sun rising high,

Folks bustling by

The sweat of working men

Yielding precious gems,

Men of matchless go

Building a morrow

Golden eves,

Restful reprieves,

Cows homebound,

Weariness all round

Men at a weary pace

Craving a resting place,

Not wanting to roam

Making straight for home

A dainty night,

A dreamlike delight,

Strangers and friends,

Dreams without an end

That can be made true

(That's upto you).

But you need the hand

Of dear Motherland.

■   ■   ■

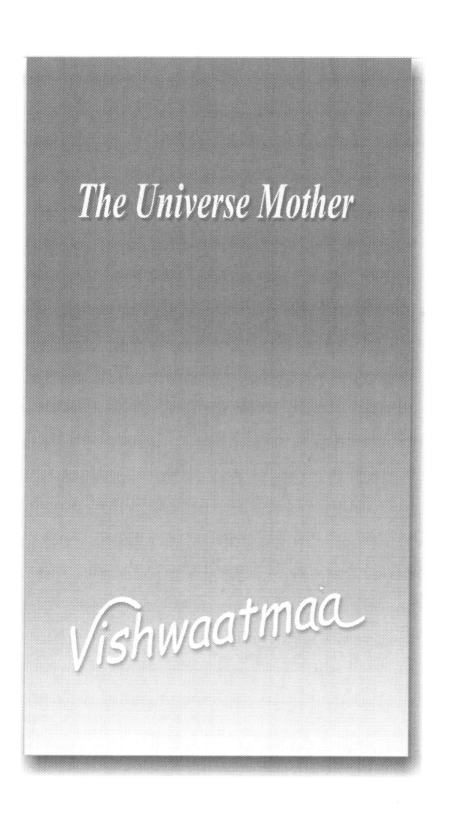

The Universe Mother

Vishwaatmaa

... As the 'nation' nurtures the 'mother' rearing a child in her womb, like a 'mother' only, 'The Universe Mother (Vishwa-ma or Vishwaatmaa)' ... too nurtures the 'nation' in its womb in the same way.

The liveliness of the 'nation' depends—on her own mother. Oh yes, on 'the mother of nation'! i.e. on 'The Mother Universe'. See, will the violent attacks on the Mother Universe every now & then, leave the liveliness of Nation Mother to survive? And even if 'Nation Mother's liveliness is not left to live alive, what will happen to the 'future' experiencing the throbbing of life in mother's womb? The answer is 'mother'! Oh yes, mother, her motherly love! The non-violence inherent to it!

The motherly love has unique capacity of making the violent tendency into non-violent. For example, the sharpened teeth of a lioness are basically violent. Nature has chiseled those teeth for violence only, but when the same lioness, carry her new born cubs, from one place to another to safety, the same sharpened teeth soften their touch. Teeth, harder than the thunderbolt become softer than the flowers. It happens so, because the love of 'mother' make those teeth non-violent from violent.

Dear Selfsame,

Owing only to the energy obtained from the titillation of 'motherly love', my pen has travelled incessantly from 'Mother' ... 'The Nation Mother' ... to 'The Mother Universe' ...

■　　■　　■

49

It's true that

All of us—you

And you and you—

We all have our own Motherland,

And these Mothers have

Their own identity

They take their own stand.

But the larger truth is that

Motherlands, too, have a mother

The mother of the whole

And we call her

The Universal Soul.

So come let us behold

How the Universal Soul

Embodied as mother

Loves and cares for a child

Look at these breathtaking scenes

Both tame and wild.

When the lioness sees

That on her cub

Someone is casting evil eyes,

With her keen fangs

She guts the attacker

Within a trice.

But in moments of

Motherly tenderness

She lifts the cub so gently

With the same fangs

That it appears

From the wings

Of a butterfly

Someone is picking up

Anther particles,

Or fetching dewdrops

In a cup of petals.

When the cow sees

That on her calf

Someone is casting evil eyes

Her hard, pointed horns

Butt the attacker

Till he flies.

But in moments of

Motherly tenderness

She so caresses

With the tip of her horn

The delicate corner of the calf's eye

That it appears

That someone is caressing

A lotus cheek

With a peacock feather

Not the least harm—

Or is applying henna

On a bride's palm.

When the mother swan sees

That on her fledgling

Someone is casting eyes

She, with her sharp beak,

Gouges the attacker

Within no time.

But in moments of

Motherly tenderness

She so feeds the fledgling

With the same beak

That it appears

That someone is sketching

On the immaculate

Wings of a kingswan

Or parting the oyster's lips

To place a pearl thereon.

When mother elephant sees

That on her babe

Someone is casting evil eyes

A single mighty blow of her trunk

Winds up the attacker's life.

But in moments of

Motherly tenderness

She, with that same

Terrible trunk,

So sprinkles water

On the babe

That it appears

That someone is

Dispersing in the sky

Countless rainbow feathers

Or bringing

An august cloud

Down upon the earth.

I wonder,

Whether we have ever

Pondered over this fact,

Whether we have ever

Noted this truth

About animal lives

That when the moment

Of motherly tenderness arrives

At once disappears

The keenness of the fangs,

The hardness of the horns,

The pointedness of the beak,

The terror of the trunk.

So the truth is that

These beasts and birds

Who don't claim, like man,

To be on a

Higher rung of evolution,

Who don't brag

Of their march

From the primitive

To the modern,

Such is their motherly love

That the violence in them

Is subdued all at once

And their hearts are filled

With the soft glow of

Non-violence.

So come,

Let us show man

Bloated with his

Evolutionary pride,

That he should never, ever

Allow the violence in him

To torch the whole civilization

In the name of a forward stride.

All we need to do

Is to set aside

Those several instruments

Of violence

And make a fresh start

And etch the word "Mother"

On the human heart.

And blessed with

Mother's love and care

Shape up a different,

A peaceful world, where

We will joyously find—

Winging butterflies,

Colourful sights,

Many a tone and shade,

Courtesy and love pervade

A mind that sups,

On dew in petal cups,

And a hopeful face,

Yearning for grace

A peacock-feather touch

That thrills so very much,

A shy wind that blows

Down the green rows

A fragrant breeze

Playing about at ease,

An unshakable faith

Pulsing with every breath

The rainbow that strews

All its lovely hues,

The clouds that pour

Love evermore

And not a dark spot

On mind and heart

And poets singing of

Motherly love.

Over here and there,

Over there and here,

Where did you say my dear?

Oh just everywhere!

This world—every land—

A nurseling child and

The Universal Soul utter

Mother, mother, mother!

■   ■   ■

. . . I am fully aware of the fact, now the notion of 'Rashtra Maa' (The Nation Mother)' is neither in vogue, nor easily acceptable. Yet, I have pleaded the concept of 'The Nation Mother' & 'The Mother Universe' ('Rashtra Maa' & 'Vishwa Maa') in my work, which is India's solemn wisdom in regard to the gratitude towards mother for her creativity.

Here is a reference; I quote from 'The Atharva Veda'—

"Twam stree, twam puman,
twam kumar ut wa kumari
twam jeerno dandken wanchasi,
twam jaato bhawasi vishwatomukhah"

(It means: Thou art woman as well as man, bachelor as well as maiden, It is still Thou, who walketh with the help of stick whilst groweth old, Thou hath the universal countenance.)

Indeed, the departure point of my belief is the 'Mother', who gives birth to a child. In my view, the mother is the point blank cradle of the beginning, in whose orb a circle is drawn encompassing the entire cosmos, entire universe. Although, externally, the circle absorb the centre within itself, still without that nucleus point/without that geometrical genesis neither can there be an orb, nor a perfect circle.

*Of course, in Hindi linguistic vocabulary the words 'Rashtra' & 'Vishwa' (i.e. the nation & the globe) fall in masculine gender but looking at their possessive instincts, they are supposed to be 'motherly'. In the poetic genre this wit is exhorted in metaphoric expression to establish the reason behind the act and sing the praises of the absent. In the Indian annals & legends the references of birth of offsprings from a male body are not rare. It is described in the **Naimisheeyopakhyan** chapter of the holy book **Paramhams Sanhita** that the Godess of Wisdom Saraswati, apart from the Sages Mareechi, Atri, Angira, Pulastya, Pulaha, Kratu, Bhrigu and*

Narada took birth from the corporal of Brahma. This is why, in the sage-tradition my Indian mind set, has coined unhesitatingly, the words like Rashtra Ma (The Nation Mother) and Vishwa Ma (The Mother Universe).

■   ■   ■

Greatness of Mother : Dignity of Father

Vishwaatmaa

. . . *So for the greatness of the mother comes first, the dignity of the father is also significant. Generally we feel the softened touch of the mother smoothly but do not entertain so easily the silent speech of father's inmost recesses of the heart.*

Mother expresses her sensibility through shedding tears on sensible moments, God has also bestowed the father with the treasure of tears but due to sense of responsibility of being the headman of family, he is compelled to bolt up his tears caged within the facade of composure. At the moment of sensibility his sense of responsibility, pour out the nectar of solace, holding the venom of tears, spilled from the eyes, onto his gullet. One has the pleasant touch of tenderness while other has the holy cue of comfort.

Perhaps, this is why we worship the 'Mother' at the simple and easy going phase in life, but at the juncture of distress only the Almighty 'father' haunt our mind.

The personality & entity of the mother & the father are not different but corollary to each other, who erect the nest compiling the straws by & by, secure the comfort & harmony and tirelessly work hard for the safety & smoothness of the children.

> *"Our eyes can see*
> *The great Himalaya,*
> *But the same eyes*
> *Need a mirror*
> *To perceive*
> *The soot applied on it"*

The personality of the mother & the father is also like the great Himalaya. Our eyes can see it easily, but looking at the existence of the minute soot of their intimacy may be possible only through the mirror of heart.

■   ■   ■

65

In this hard, gruelling life

To which you,

I, we and all of us are exposed

There is a spot

Of tender love and care

With which we are blessed

It is mother's love's lap,

Cool and sweet,

Just like the moonlight

In which she has

Always given us rest

But do we all realise

The secret behind the boon?

It is the sun that burns in the sky

—Your father—who graciously

Illumines the moon.

You, I, we and all of us

Have joy in our hearts

And radiant smiles on our lips.

The reason is clear

We are so lucky that

In the river of mother's holy love

We have taken dips

But, for this good fortune,

Do we all realise

To whom we owe thanks?

It is father's strong arms

That protect the holy love:

Mother is the river-flow

And his arms are the banks

This life that you, I, we and all of us

Are blessed with

Is a precious pearl for sure

And it is also true that

Mother, only Mother,

In the oyster of her womb

Gives it nurture

But do we all go

Beneath the mystery?

The one who holds the oyster

Among stormy waves

On the chest,

Among constant

Mighty explosions within,

Among typhoons

That churns the soul

Father is the sea.

Your life-seed,

And mine and of all of us

Sprouts, burgeons, blooms

Thanks to some

Wonderful art and skill

And this art is given

To Mother, only Mother,

By God's sweet will

But do we all realise

The other side of God?

He who carries

The burden of water

On his strong shoulders,

Who collides

Against hard mountains

And sends down

Rain to turn the life-seeds

Into leafy, flowery plants—

Well, father is that cloud.

To light up your life,

Mine and of all of us

Mother burns

Bit by bit like a wick

And lights up

The home and the yard

To illumine our life,

Our home

She drinks in

The poison of the darkness

But do we all know

The mystery underneath?

The one who

Lights the wick,

Lovingly feeds it with oil,

Who bears its heat

On the chest,

Who catches on the head

The black soot from the flame—

Father is the lamp under it

Dear friend,

This analysis does not seek

To compare Father's and Mother's

Relative importance,

Because the scale to weigh

Mother's love

And Father's nerve

Are not in existence

Mother's sweet love

And Father's steely nerve

Have their own place.

The two complement each other,

Together give fullness to our life,

And give us balance.

Without the one, the other's

Existence is purposeless, blank,

The personality incomplete.

Father is the sky that blesses,

Mother the holy, lovely,

And nourishing earth beneath.

If Father is

The firm strong mountain,

Mother is

The stream running down—

Pure, clear, white

If Father is

A deep roar,

Mother is

Its echo, the notes

Of a sweet,

Heart-winning lullaby.

Father goes through

The ordeal by fire

And provides the family

With warmth, comforts

And an umbrella overhead.

Mother, cooking by the fire

Brought by him

Makes you delicious bread

Father works tirelessly

To build a house

With brick, mortar and stone.

Mother's soulful touch

Turns the house into a home.

Father is the ritual lave

Of the forehead

While Mother is the hymn

At the altar inbred.

Father is the author

Of the book of life,

Mother the signature

On the preface—

A launch, a start

The majestic glory

Of father figure

Is a living good wish

While Mother's pure mild face

Is itself an auspicious moment

So the choice is not

Father or Mother—

No, no, no.

We need both of them.

■　　■　　■

Father

Vishwaatmaa

"A little girl was going with her father. When they came to a bridge on a surging river she got scared. Father said, 'Daughter don't be afraid, hold my hand.' The tiny tot said, 'No dad, you hold my hand.' Father laughed and said—what's the difference between the two?' The girl replied— 'If I hold your hand and something happens suddenly, it is possible that I shall leave your hand, but if you hold my hand I know that whatever happens, you will not leave my hand.'

The above 'short story' defines the support found merely by the father holding the finger, similarly every aspect of Father straightens the way we live. Father's conduct and thoughts mould us. The fact that somebody is our father is not in our hands, it is a natural process but to take inspiration from every aspect of father's personality to shape our life is in our hands. To mould ourselves after his conduct and thoughts is in our hands.

The background of the poem 'Father' is not that I aim to portray a 'person' but to portray 'Father's personality'. If we imbibe his whole personality, it is easily possible to keep ourselves efficient in life.

I have endeavoured to string together my inner feelings in the pieces in this collection. Intelligent readers know that to bind entire feelings into words is not possible.

> **"Truly vast your mind and heart,**
> **And so limited is our art.**
> **Limited is our wealth of words,**
> **And defining you so hard.**
> **Still we pray with these powers**
> **And offer verbal flowers**
> **Feet that walk on sans retreat**
> **Give us shelter at your feet."**

■   ■   ■

Respected Father,

The sum of your personality

Is majestic, glorious, bright.

All our life, our body-mind-soul

Have been illumined by its light

The sum of your personality

We never dared to behold

But its various facets

Have always touched our soul

For this majestic being of yours

We have respect, love, affection,

And of this sentiment,

Of our tribute

Here is a sweet,

Worshipful expression

Respected Father,

When the lines on your forehead

Come to our mind,

They seem to encompass

All that is there

Above, below, before, behind.

The lines drawn on your forehead

Have given us a sense of direction,

A sense of geography

Because of which we don't ramble,

No hindrance feel.

The sense of direction

Taught by these lines

Keeps us so precisely on course

That we don't have to take

Our bearings from

Any other source

Respected Father,

The drops of affection

Falling from your eyes

And visible in them

Your distant, discreet foresight

Have taught us

To love our neighbour

And also the art

Of looking into the future

The rain of affection

And the distant, discreet vision

Make so wise

That we don't need directions

From any other eyes

Respected Father,

Your lips sweetly, lovingly

Smile on us

And they speak with authority

Of scripture and science.

Your sweet smile

Has given us the great mantra

Of smiling when we are down

You defined language

And the truth of life was found

The definition of life

Coming from your lips

Is so precise, so plain

That we don't need

Anyone else's advice again

Respected Father,

The feel of your adamantine chest,

The gentler-than-flower

Fellow-feeling that you express

Have taught us,

Firstly, the lesson

Of vigorous strife

They have also taught us

To love others' life

The firmness and gentleness

Of your chest

Are such a perfect grace

That we need

No other chest

As our resting place

Respected Father,

Your dutiful hands inspire us

Every moment to be industrious

We have learnt from your

Hard-working hands

The dignity of labour,

And dedication, purity, sincerity,

And service to the poor

The service of your hands

And your dedication

Are of such a pure mould

That we don't need

Anyone else's finger to hold.

Respected Father,

We remember, remember,

Remember yet again.

Your holy feet walking,

Defying all pain

The thorns of the path were

Absorbed by your feet

A thornless footway

You left us as a gift

The path and the goal

Marked by your feet

Are so precise an indication

That we don't need

Any other footmarks

To reach our destination

Truly vast your mind and heart,

And so limited is our art

Limited is wealth of words,

And defining you so hard

Still we pray with these powers

And offer verbal flowers:

"A forehead high, a holy head

Thereby glorious saga said

Eyes that gave a vision new

The earth is enfolded in view

Nectar-words which you uttered

Good for people, good for the world

Sanctuary of chest so strong

Path well-made that can't go wrong

Your dutiful hands betoken

Auspicious service unbroken.

Feet that walk on sans retreat

Give us shelter at your feet."

The Infinite Bliss

I have tried to entwine the feelings of my innermost heart in the poesy of 'Vishwatmaa'. Accomplished readers do know, it is not possible to compose all the feelings in the tongue of letters. It is said, where the words become incapable, there the language of 'silence' becomes vocal . . .

Moukharya laghawakaram
mounnunnatikarkam.
Mukharam noopuram paade
kanthe harau virajate.

*(Loquacity belittles you and the silence causes enhancement. The jingling balls are worn in toes and the silent necklace adorn the throat—**Vrihad Vishwa Sookti Kosh/881**)*

The resonance of the jingling bells has its own bliss. There comes a moment when the chiming balls halt but the echo continues to prevail. We realize this echo in our heart and come across the ecstasy. In the same way, the poetical perception is expressed in the resonance of word's jingling balls. And there comes a moment, when there are no words but their echo persists. Unerringly, you will experience this echo in 'Vishwaatmaa' and keep on about . . . This not mere hope, I am confident.

Those who have taken pain, to cast the facsimile of this resonance into words and ferried upto the worthy readers, include Shri Vinod Maheshwari, Managing Editor - Nava Bharat, Member of Parliament Shri Avinash Pande, Eduacationist Pt. Shankarprasad Agnihotri, English translator Dr. Om Biyani, Famous Poet Dr. Sagar Khadiwala, Senior Journalist Shri Jagdish Sahu, Social activist Adv. Anil Kilor among other benevolent and affectionate ones. Paying 'obligations' seem to be a very fugitive word for them, of course I feel expressing 'Gratitude' towards them to be my humble duty.

By using words like 'obligations' and 'gratitude' for my kinfolk Smt. Madhulika Pandey, Shri Umesh Sharma, Smt. Sushma Sharma, Smt Preeti Sharma, Smt. Madhuli & Shri Swapnil Mandaogade I can't yet venture to scan their amity.

Madhup Pandey

Dear Readers,

You have read the English Version of 'Vishwaatmaa' which is the translation of original work of Shri Madhup Pandey written in Hindi. For your convenience, better understanding and reference we are reproducing the original Hindi Poems.

विशिष्ट व्यक्तित्व... कीर्तिमान कृतित्व

ये सच है कि मधुप पांडेय एक नाम है- प्रख्यात मंच संचालक एवं कुशल व्यंग्य शिल्पी का, जो कभी हास्य-व्यंग्य काव्य पाठ करते और कभी अपनी संचालन कला से कवि सम्मेलन में रंग भरते दिखते हैं, वह चाहे दूरदर्शन के राष्ट्रीय-अंतरराष्ट्रीय प्रसारण हों अथवा नगर, उपनगर, महानगर के काव्य मंच...

जिन्हें विशिष्ट समारोह में महामहिम राष्ट्रपतिजी द्वारा 'साहित्य श्री' अलंकरण से अलंकृत होने का सौभाग्य मिला है...

जिन्होंने लोकप्रिय हिन्दी दैनिक 'नवभारत' के चुटीले व्यंग्य-काव्य स्तंभ 'मधुपजी' में विगत चालीस वर्षों से निरंतर लेखन का अनूठा कीर्तिमान स्थापित किया है...

जिन्हें हास्य-व्यंग्य विधा का सर्वोच्च राष्ट्रीय सम्मान पद्मश्री काका हाथरसी पुरस्कार पाने एवं 'हास्य रत्न' उपाधि से विभूषित होने का गौरव प्राप्त है...

इस तरह अनेकानेक उपलब्धियां हैं, जिनके कारण हम उन्हें हास्य-व्यंग्य के कुशल चितेरे के रूप में जानते हैं, पहचानते हैं, उनकी हास्य-व्यंग्य लेखनी का लोहा मानते हैं, उस लेखनी का जो विसंगतियों में हास्य खोजकर हमें गुदगुदाती है, विघटित जीवन मूल्यों पर व्यंग्य प्रहार कर हमें तिलमिलाती है।

इसके अतिरिक्त भी एक सच है, जहाँ उनकी लेखनी मानवीय आस्था के प्रति आश्वस्त निष्ठा के स्वर उभारकर हमें 'जीवन-दर्शन' के दर्शन कराती है और उनसे ऐसी रचनाएं रचवा लेती हैं, जिसे किसी विशेषण की विशिष्टता में समेटना संभव नहीं हो पाता। वह रचना ही इतनी विशिष्ट हो जाती है कि वह स्वयं विशेषण बन जाती है और ऐसी ही अनूठी रचना है 'विश्वात्माँ'। अनूठी है उसकी भाषा, उसका शिल्प। उसका कथ्य, उसके तथ्य और अनूठा है कविता के कलेवर में सिमट आया चिरंतन सत्य।

गहन-गंभीर ऐसी है कि विचारकों का विचार वर्तुल उसे गुनता है और सहज-सरल ऐसी है कि चौक-बाजार में बैठा हजारों श्रोताओं का समूह मंत्र मुग्ध होकर सुनता है।

उसी 'सच' के प्रारंभिक अंश 'माँ' से साक्षात्कार करवाने में एक दशक पूर्व अपना बहुमूल्य योगदान अग्रज श्री विनोदजी माहेश्वरी, संपादक, नवभारत ने दिया था। उनके प्रति कृतज्ञता ज्ञापन करते हुये, 'मधुपजी' के निरंतर अध्ययन-मनन-चिंतन से सृजित उसके विस्तारित स्वरूप 'विश्वात्माँ' को आप जैसे सुधी पाठक तक पहुँचाने का दायित्व निर्वाह करते हुये, हम अपने आप को गौरवान्वित अनुभव करते हैं -

अविनाश पांडे, सांसद
अध्यक्ष : कवि प्रदीप फाउंडेशन

अपनी बात-अपनों के साथ...

महान दार्शनिक बर्ट्रेंड रसेल से एक जिज्ञासु ने पूछा -'क्या आप बता सकते हैं कि तीसरा विश्वयुद्ध कैसा होगा?' उन्होंने उत्तर दिया -'यह तो बता नहीं सकता कि तीसरा विश्वयुद्ध कैसा होगा परंतु यह अवश्य बता सकता हूँ कि चौथा विश्वयुद्ध कैसा होगा!' जिज्ञासु ने पूछा- 'कैसा होगा?' व्यथित स्वर में महान दार्शनिक ने उत्तर दिया -'चौथा विश्वयुद्ध पाषाण युग के आदि मानव की तरह पत्थरों से लड़ा जायेगा!'

हिंसक हथियारों का निर्माण कर हिंसा का जो तांडव करने पर मानव उतारु है, उसकी परिणति मानव सभ्यता के विनाश की ओर ही संकेत करती है। श्री रसेल की व्यथा यही है कि तीसरा विश्वयुद्ध मानव सभ्यता को नष्ट कर देगा और हम फिर से पाषाण युग में पहुँच जायेंगे।

महान दार्शनिक की व्यथा पर मन मस्तिष्क में मंथन चल ही रहा था कि मेरी 'माँ' कविता की अनुगूंज तत्कालीन राष्ट्रपति महामहिम डॉ. शंकरदयालजी शर्मा के कानों तक पहुँची। उन्होंने मुझे राष्ट्रपति भवन में आमंत्रित कर सम्मानित किया और तन्मयता से रचना सुनी। इसे संयोग समझिये अथवा आत्मानुभूति कि मेरे मन-मस्तिष्क में चल रहे मंथन का उत्तर महामहिम ने मेरी 'माँ' कविता में खोज लिया और आत्मीय निर्देश दिया कि बारूद के ढेर पर बैठे विश्व की हिंसक वृत्ति को 'माँ' की ममता ही रोक सकती है। महामहिम के निर्देश का पालन कर, मेरी लेखनी ने 'माँ', 'राष्ट्र माँ', 'विश्वात्माँ' तक रचना का विस्तार कर, उसके विश्व व्यापक स्वरूप को साकार करने का प्रयास किया है। 'माँ' की ममता में ही वह क्षमता है कि मानव सभ्यता को हिंसा से परावृत्त कर, पाषाण युग में जाने से रोक सके।

'माँ' के विश्व व्यापक स्वरूप को व्याख्यायित करने के साथ ही, यह विचार आना स्वाभाविक था कि 'माँ' की व्यापकता में 'पिता' की महत्ता भी समाविष्ट है। 'पिता' रचना का सृजन इसी विचार को मूर्तरूप देने के लिये हुआ है।

'माँ' का अपना अस्तित्व और व्यक्तित्व है, इसी तरह 'पिता' का भी अपना अस्तित्व और व्यक्तित्व है। अलग-अलग अस्तित्व और व्यक्तित्व होते हुये भी, दोनों एक दूसरे के पूरक हैं। 'माँ की महिमा... पिता की गरिमा', के माध्यम से मैंने इसी विचार को साकार किया है।

सुधी पाठक 'विश्वात्माँ' के काव्य प्रवाह में, इस तथ्य को अवश्य अनुभूत करेंगे कि कविताएँ,

उनके शीर्षक, उनकी भूमिकाएं अलग-अलग होकर भी, कहीं एक सूत्र में बंधी हैं- एक अंर्तधारा है, जो इस काव्य ग्रंथ में निरंतर प्रवाहित हो रही है।

आश्वस्त हूँ कि सुधी पाठक काव्य रस की इस पावन-मनभावन अंर्तधारा में अवगाहन कर अवश्य आल्हादित होंगे।

आपका अपना,

मधुप पांडेय

माँ

विश्वात्माँ

प्रिय आत्मन,

बच्चा, जब पहली-पहली बार बोलने का प्रयास करता है, तब वह शरीर की सम्पूर्ण ऊर्जा को समेट कर शब्दों को उच्चारित करता है... शब्द जबान पर आते हैं... अधरों से टकराते हैं ... टकराकर लड़खड़ाते हैं। इस लड़खड़हाट में न शब्द स्वरूप का सौष्ठव होता है और न ही उच्चारण का व्याकरण!

परंतु माँ,

और 'अकेली' वह माँ है, जो बच्चे की इस लड़खड़ाहट को अपनाती है... प्रोत्साहन देती है... बलैया लेती है।

जरा सोचिए,

अगर माँ उस क्षण प्रोत्साहन नहीं देती... बलैया नहीं लेती... तो क्या यह मानव सभ्यता कभी बोलना सीख पाती?

बच्चा, जब पहली-पहली बार चलने का प्रयास करता है, तब वह शरीर की सम्पूर्ण चेतना को समेटकर उठता है... उठकर चलता है... चलकर लड़खड़ाता है... इस लड़खड़ाहट में न शरीर संतुलन का सौष्ठव होता है और न ही पद संचालन का व्याकरण!

परंतु माँ,

और 'अकेली' वह माँ है, जो बच्चे की इस लड़खड़ाहट को अपनाती है... प्रोत्साहन देती है... बलैया लेती है।

जरा सोचिए,

अगर माँ उस क्षण प्रोत्साहन नहीं देती... बलैया नहीं लेती... तो क्या ये मानव सभ्यता कभी चलना सीख पाती?

इसी कारण,

एक 'शब्दऋषि' ने माँ को इस तरह परिभाषित किया है - ''ईश्वर ने मानव बनाया और चूँकि वह अपने हर बच्चे के साथ नहीं रह सकता था, इसलिए उसने 'माँ' रच दी!''

और शायद उस रचयिता की 'रचना' पर और कोई 'रचना' रचना संभव नहीं था, इसलिए उसकी 'रचना' ने ही मेरे माध्यम से यह 'रचना' रच दी...

माँ

माँ,
सागर से
तेरी उपमा देने के लिए
कहता है मेरा मन
परंतु उसी क्षण
कुछ ध्यान आता है
और वही मन
हिचक जाता है
क्योंकि सागर की
गहराई तो तुझमें है
और है वही धीरता
गहन – गंभीरता
परंतु यह भी
उतना ही सही है
कि सागर के खारेपन का
जरा सा भी अंश
तुझमें नहीं है

माँ
तेरे दूध की मिठास
सागर का सारा खारापन
धो जाती है
और इसलिए
सागर की उपमा
तेरे सामने
बिल्कुल व्यर्थ हो जाती है।

माँ,
पर्वत से
तेरी उपमा देने के लिए
कहता है मेरा मन
परंतु उसी क्षण
कुछ ध्यान आता है
और वही मन
हिचक जाता है
क्योंकि पर्वतराज की
ऊँचाई तो तुझमें है
और है वही अचलता
जिसका कोई दूसरा
उदाहरण नहीं मिलता
परंतु यह भी
उतना ही सही है
कि पर्वत की कठोरता का
जरा सा भी अंश
तुझमें नहीं है
    माँ,
    तेरे मन की मृदुलता में
    पर्वत की कठोरता
    खो जाती है
    और इसलिए
    पर्वत की उपमा
    तेरे सामने बिल्कुल
    व्यर्थ हो जाती है।

माँ

माँ,
गगन से
तेरी उपमा देने के लिए
कहता है मेरा मन
परंतु उसी क्षण
कुछ ध्यान आता है
और वही मन
हिचक जाता है
क्योंकि गगन का
विस्तार तो तुझमें है
और है वही विशालता
निश्छल–निर्मलता
परंतु यह भी
उतना ही सही है
कि गगन की अंतहीन दूरी का
जरा सा भी अंश
तुझमें नहीं है
    माँ,
    तेरी गोद की समीपता में
    गगन की अंतहीन दूरी
    खो जाती है
    और इसलिए
    गगन की उपमा
    तेरे सामने
    बिल्कुल व्यर्थ हो जाती है।

माँ,
सूरज से
तेरी उपमा देने के लिए
कहता है मेरा मन
परंतु उसी क्षण
कुछ ध्यान आता है
और वही मन
हिचक जाता है
क्योंकि सूरज की
ऊर्जा तो तुझमें है
और है जन-जन को
जीवन देने की क्षमता
मन को छूने वाली ममता
परंतु यह भी
उतना ही सही है
कि सूरज की झुलसाने वाली
तेज तपन का जरा भी अंश
तुझमें नहीं है
          माँ,
          तेरे आँचल की शीतलता में
          सूरज की सारी तपन
          खो जाती है
          और इसलिए
          सूरज की उपमा
          तेरे सामने बिल्कुल व्यर्थ
          हो जाती है।

माँ

माँ,
वैसे तो ये
कवियों की लीक नहीं है
परंतु मुझे लगता है
संसार के
किसी भी उपमान से
तेरी उपमा देना ठीक नहीं है
क्योंकि
जैसे ही उपमा का
उल्लेख आता है
'माँ '
संबोधन के सामने
'उप '
यह उपसर्ग जुड़ जाता है
उपसर्ग जुड़ने से
माँ की महत्ता
खो जाती है
क्योंकि 'माँ ' फिर
'माँ ' नहीं रहती
'उप ' – 'माँ ' हो जाती है।

माँ,
अपने आप में
एक ऐसा नाम है।
जिसे शब्दों में बांधना
सचमुच ही कठिन काम है।

देखिए न,
शिशु को सहेजती,
संवारती, सम्हालती
जो थपकियों की थाप है
उसमें
आरोह, अवरोह, आलाप है।
किशोर मन पर
नेह लेखनी से लिखा
जो काव्य अनुबंध है
वह स्वयं
गीत है, ग़ज़ल है, छंद है।
युवा शिराओं में
प्रति क्षण प्रवाहित
जो अमृतमय पेय है
वह स्वयं
पग है, पथ है, पाथेय है।
माँ, यह शब्द स्वयं
भाव है भजन है भक्ति है
शौर्य-साहस है, शक्ति है
उत्सव उत्साह उमंग है
आरती अर्चन अभंग है
पूज्य पवित्र है, पावन है
सुंदर सुखद सुहावन है
सुमन-सुगंध है, सुवास है
मधुरिम मधुमय मधुमास है

माँ

धीर है ध्यान है, ध्येय है
शांति है शिवा है, श्रेय है
पल्लव–पुष्प है, पराग है
तप–तपस्या है, त्याग है
साधना सेवा समर्पण है
दृग–दृगंचल है, दर्पण है
दृष्टि है, दृश्य है, दर्शन है
आँख, आकृति, आकर्षण है
भूत वर्तमान भविष्य है
हवन है, हवि है, हविष्य है
सुर है सरगम है साज़ है
प्रेयर प्रार्थना नमाज़ है
उपदेश आयत श्लोक है
लोक इहलोक परलोक है
मरियम फ़ातिमा सीता है
बाइबिल कुरान गीता है
गुण गुणज्ञ है, गुणवंत है
रस रसज्ञ है, रसवंत है
दिक है दिशा है, दिगंत है
आदि अनादि है, अनंत है
वो रस है, रंग है, रूप है।
'माँ '
अपने आप में
पूर्णता का प्रतिरूप है।

माँ,
एक स्पर्श है
मैं सोचता हूँ
अगर यह स्पर्श नहीं होता
तो हमें कभी नहीं आता
किसी के रिसते हुए
घाव को देखकर
सिसकी भरना
क्योंकि हम
देख ही नहीं पाते
बच्चे को चोट लगने पर
ममता की आँखों से
आँसू का झरना ।
शरीर विज्ञान तो हमें
सिर्फ इतना बताता है
कि जिसे चोट लगती है
आँसू सिर्फ
उसी की आँख में आता है।
वह माँ है
जो अपनी ममता से
संवेदना के धरातल पर
जीना सिखाती है
और इसी कारण
दूसरों का दुःख–दर्द देखकर
हमारी आँख भर आती है।

माँ

माँ,
एक शब्द है
मैं सोचता हूँ
अगर ये शब्द नहीं होता
तो सारी सभ्यता गूँगी रह जाती,
क्योंकि हमें कभी
बोलने की कला ही नहीं आती।
वह माँ है
जिसने हमारे
तुतलाते बोलों को भी
इतनी आत्मीयता से अपनाया
कि यह मानव
बोलने की कला तो सीख पाया।
माँ,
एक एहसास है
मैं सोचता हूँ
अगर ये एहसास नहीं होता
तो हम जड़वत बने रहते ।
न किसी का दुःख सुनते
न किसी से दुःख कहते ।
वह माँ है
जिसने हमारे मन में
यह एहसास जगाया
कि हमें किसी के
दर्द में डूबने का
सलीका तो आया ।

माँ,
एक विश्वास है
मैं सोचता हूँ
अगर यह विश्वास नहीं होता
तो हम इतने बड़े नहीं होते।
अपने ही पैरों पर खड़े नहीं होते।
वह माँ है जिसने हमें
गिर-गिर कर उठना सिखाया।
उठ-उठ कर चलना सिखाया।
चल-चल कर जो हम
सभ्यता के चरम शिखर पर आए हैं
ये सारे रास्ते
हमें उस माँ के ममत्व ने ही बताए हैं।
मैं सोचता हूँ
अगर माँ नहीं होती
तो कैसे ढल पाता
सभ्यता की सीपी में
मनुजता का मोती ?
        हम अपने ही आप से
        अनजाने रह जाते
        और हमें
        कभी नहीं मिल पाते –

माँ

ये घर – परिवार
ये नेह – दुलार
जीवन का बोध
ममता की गोद
तुतलाते बोल
बातें अनमोल
पुलक कर मैया
लेती बलैया
मोहक खिलौने
मनमृग छौने
सुरीली मैना
मीठे रस बैना
चहकती चिरैया
गाती गौरैया
गुड्डा और गुड़िया
दादी माँ बुढ़िया
पलकों की छाँव
मन चाहा ठाँव
दूध की कटोरी
रस भीनी लोरी
चँदा सा मामा
रिश्तों का जामा
पथ खोजी पाँव
नानी का गाँव

नानी की बानी
अनगिन कहानी
जानी अनजानी
सदियों पुरानी
किस्से अनमोल
मीठे मृदु बोल
माँ है यदि मौन
बोलेगा कौन ?

■ ■ ■

राष्ट्र माँ

विश्वात्माँ

...'माँ' जब बच्चे को जन्म देती है, तो बच्चे को ही जन्म नहीं देती, वह स्वयं पुनः जन्म लेती है। यह जन्म देने, जन्म लेने की प्रक्रिया केवल उस क्षण नहीं होती, जिस क्षण बच्चा जन्म लेता है बल्कि उस क्षण से ही प्रारंभ हो जाती है, जब वह माँ की कोख में जीवन स्पंदन अनुभूत करता है। इस जीवन स्पंदन को जीवंत बनाए रखने का काम करती है- माँ की माँ! जी हाँ, माँ की माँ अर्थात 'राष्ट माँ' !

मान्यता ही नहीं, यह विज्ञान-सम्मत सत्य है कि मानव-शरीर 'पंचतत्वों' को मिलाकर बना है। ये 'पंचतत्व' - क्षिति, जल, पावक, गगन, समीरा हैं, जो किसी भी राष्ट्र की अपनी धरोहर होते हैं। राष्ट्र अपनी धरोहर के इन 'पंचतत्वों' की आपूर्ति 'माँ' को करता है, जिसकी कोख में बच्चा जीवन-स्पंदन को अनुभूत कर रहा है।

प्रत्यक्ष में 'माँ' अपनी कोख में पल रहे बच्चे का पालन-पोषण करती है परंतु परोक्ष में अपनी कोख में पल रही बच्चे की 'माँ' का पालन-पोषण 'राष्ट्र' किसी 'माँ' की ही तरह करता है।

चिंतन की इस चिरंतन अनुभूति ने 'माँ' के सृजन-क्रम में 'राष्ट्र माँ' की संकल्पना को मन-मानस में अंकुरित किया, जिसे अभिव्यक्त करने का मैंने प्रयास किया है...

राष्ट्र माँ

मेरी, आपकी
इनकी, उनकी
हम सबकी भी
है एक 'माँ'।
जी हाँ,
'माँ' की 'माँ'
याने कि 'राष्ट्र माँ'।
    वह 'माँ'
    जो जनम लेने से पहले ही
    'माँ' की कोख में
    जीवन स्पंदन देती है।
    गौरैया की तरह
    अपने शरीर की ऊष्मा से
वर्तमान को
भविष्य के लिए सेती है
और जब
वर्तमान लेता है जन्म
तब 'राष्ट्र माँ'
उसे प्राणवायु के रूप में
उपलब्ध करवाती है वातास।
पांव रखने के लिए
देती है धरती
और सिर उठाकर
चलने के लिए,
सिर पर छत की तरह
तान देती है उन्नत आकाश।

जीवंतता के लिए
जल जुटाती है
और उल्लसित ऊर्जा के लिए
अग्नि खोज लाती है।
जी हाँ,
वह ऐसी 'माँ' होती है।
जिसकी गोद में सिर रखकर
राष्ट्र की आस्था
सुख की नींद सोती है।
वह लाती है
उंगली पकड़कर
मुँह अंधेरे
सूरज को हमारे द्वार।
गुनगुनी किरणों का स्पर्श
करता है
नित नए नेह की बौछार।

पंछियों का कलरव गान,
और कोयल की मोहक तान,
कानों में रस घोलती है।
इनके माध्यम से
'राष्ट्र माँ' की ममता बोलती है –
'उठो बेटे,
सुबह हो रही है।
देखो, ओस की बूँदें
अपने नर्म हाथों से
प्रकृति का मुँह धो रही है।'

राष्ट्र माँ

फिर दुपहरी की तपन
जगाती है श्रम की लगन
श्रम की सीपी में
पसीने के मोती को ढालती है
तब 'राष्ट्र माँ'
आने वाली पीढ़ी के
सपनों को
अपनी आँखों में पालती है।
सूरज ढलता है,
सांझ होती है।
जब प्रकृति
दिन भर के परिश्रम की थकन
अपनी पीठ पर ढोती है।
तब वही माँ चुपके से
शीतल रात को बुलाती है।
रस भीनी लोरी गाकर
मीठी नींद की गोद सुलाती है।
इसीलिए
जिस क्षण 'राष्ट्र माँ' के
आँचल पर आँच आती है
उसके बेटों के रोम–रोम में
बिजली कौंध जाती है।
वे दौड़ पड़ते हैं
हथेली पर लेकर अपने प्राण
कहीं छिन न जाए
'राष्ट्र माँ' के अधरों की मुस्कान,

क्योंकि यदि
'राष्ट्र माँ' के
अधरों पर
ममत्व की
मुस्कान नहीं खिलेगी,
तो आने वाली पीढ़ी को
जीवन स्पंदन की
समुचित राह नहीं मिलेगी।
नहीं मिलेगी उसे–
  सुबह की सुगंध
  मधुमय मकरंद
  पंछी का गान
  कोकिल की तान
थिरकती बयार
आँगन घर–द्वार
पुलकित परिवेश
अपना घर देश
  खिली हुई धूप
  श्रम की प्रतिरूप
  चढ़ती दोपहर
  जन जीवन लहर
बहता पसीना
ढलता नगीना
अनुपम अभियान
नवयुग निर्माण

राष्ट्र माँ

स्वर्णमयी शाम
सुन्दर अभिराम
गोधूलि के क्षण
तन लिपटी थकन
        बोझिल हर पाँव
        पाने को ठाँव
        करने विश्राम
        पहुँचे घर धाम
रस भीनी रात
स्वप्निल सौगात
पराये व अपने
अनगिनत सपने
        कर लें साकार
        देकर आकार
        बिना 'राष्ट्र माँ'
        ये संभव कहाँ !

■ ■ ■

विश्वात्माँ

विश्वात्माँ

... जिस तरह अपनी कोख में पल रही बच्चे की 'माँ' का पालन-पोषण, 'राष्ट्र' किसी 'माँ' की ही तरह करता है, उसी तरह 'विश्व माँ'... 'विश्वात्माँ' अपनी कोख में पल रहे 'राष्ट्र' का पालन-पोषण करती है।

'राष्ट्र' की जीवंतता निर्भर करती है- उसकी अपनी माँ पर। जी हाँ, 'राष्ट्र माँ' की माँ पर! अर्थात 'विश्वात्माँ' पर। जरा सोचिए 'विश्वात्माँ' पर हो रहे नित नए हिंसक प्रहार क्या 'राष्ट्र माँ' की जीवंतता को जीवंत रहने देंगे? और यदि 'राष्ट्र माँ' ही जीवंत नहीं रही तो माँ की कोख में जीवन स्पंदन को अनुभूत करने वाले 'भविष्य' का क्या होगा? उत्तर है 'माँ'! जी हाँ, माँ! माँ का ममत्व। ममत्व में निहित अहिंसा!

'माँ' के 'ममत्व' में हिंसक वृत्ति को अहिंसक बनाने की अदभुत क्षमता होती है। उदाहरण के लिये सिंहनी के तीक्ष्ण दाँत मूलतः हिंसक होते हैं। प्रकृति ने उन दाँतों की संरचना ही हिंसा के लिये की है परंतु जब वही सिंहनी, उन्हीं तीक्ष्ण दाँतों से अपने नवजात शावकों को सुरक्षा के लिये, एक जगह से उठाकर दूसरी जगह ले जाती है- तब वही तीक्ष्ण दाँत, सुकोमल संस्पर्श का स्वरूप ग्रहण कर लेते हैं - 'वज्रादपि कठोर दाँत कुसुमादपि कोमल हो जाते हैं।' इसलिये हो जाते हैं क्योंकि 'माँ' का ममत्व उन दाँतों को हिंसक से अहिंसक बना देता है।

प्रिय आत्मन,

'ममत्व' के संस्पर्श से प्राप्त ऊर्जा के कारण ही, मेरी लेखनी ने 'माँ'... 'राष्ट्र माँ'... 'विश्वात्माँ' तक अथक-अनवरत प्रवास किया है...

विश्वात्माँ

यह सच है
कि मेरी, आपकी
इनकी, उनकी
हम सबकी
अलग अलग 'राष्ट्र माँ' है।
उनका
अलग अस्तित्व है,
अलग व्यक्तित्व है,
अलग गरिमा है।
          परंतु
          इससे भी बड़ा सच है
          कि 'राष्ट्र माँ' की भी 'माँ' है।
          वह 'माँ' –
          'विश्वात्माँ' है।
          आइए हम
          'माँ' के 'विश्वात्माँ'
          स्वरूप को
          अंतर्मन में
          आत्मसात करते हुये उतारें।
ममत्व की
कुछ अनुपम
झाँकियाँ निहारें –
अपने शावक पर
गलत नजर पड़ते ही
सिंहनी के तीक्ष्ण दाँत,

क्षण भर में
निकालकर रख देते हैं
हमलावर की आँत,
परंतु जब ममत्व की
घड़ी आती है,
तब वही सिंहनी
उन्हीं तीक्ष्ण दाँतों से
अपने शावक को
इस तरह उठाती है –
कि लगता है
जैसे कोई
तितली के पंख से
पराग कण उठाए,
या पँखुरी की अँजुरी में
ओस भर लाए।

अपने नन्हे पर
गलत नजर पड़ते ही
गाय के सींग नोकदार,
करते हैं
हमलावर पर कठोरतम प्रहार,
परंतु
जब ममत्व की
घड़ी आती है
तब वही गाय
उसी कठोर सींग की नोक से

विश्वात्माँ

अपने नन्हे की
कोमल आँख की कोर
इस तरह सहलाती है –
कि लगता है
जैसे कोई मोर पंख से
कमल–कपोल सहलाए,
या दुल्हन की हथेली पर
मेंहदी रचाए।
अपने शिशु पर
गलत नजर पड़ते ही
हंसिनी की पैनी चोंच
लेती है
हमलावर की आँखें नोंच,

परंतु
जब ममत्व की
घड़ी आती है
तब वही हंसिनी
उसी पैनी चोंच से
अपने शिशु को
इस तरह दाना चुगाती है –
कि लगता है
जैसे कोई
राजहंस के धवल पंख पर
चित्रकारी करे
या सीपी के अधरों पर
मोती धरे।

अपने बच्चे पर
गलत नजर पड़ते ही
हथिनी की सूँड़ का
एक ही वज्रप्रहार
कर देता है
हमलावर का सहज संहार
परंतु
जब ममत्व की
घड़ी आती है
तब वही हथिनी
उसी वज्र–सूँड़ से
अपने बच्चे पर
इस तरह नेह–जल बरसाती है –
कि लगता है जैसे कोई
इंद्रधनुषी पंख
आकाश में छितराए
या सावन की बदरी
धरती पर उतार लाए।
मैं सोचता हूँ
क्या कभी हमने
इस तथ्य पर
ध्यान दिया है,
क्या कभी
इस सत्य से
साक्षात्कार किया है –

कि जैसे ही
ममत्व की घड़ी आती है,
उसी क्षण
विलुप्त हो जाती है –
दाँतों की तीक्ष्णता
सींग की कठोरता
चोंच का तेज वार
सूँड का वज्र प्रहार!
  तथ्य यह है
  कि जो पशु-पक्षी
  मानव के समान
  विकासवाद का दावा नहीं करते
  आदिम से अधुना
  हो जाने का दंभ नहीं भरते।
ममता
उन पशु-पक्षियों तक की
हिंसा
क्षण भर में
तिरोहित कर देती है
और सत्य यह है कि
पलक झपकते
उनमें अहिंसा के
कोमल भाव भर देती है।

आइए हम
विकासवाद का
ढिंढोरा पीटने वाले
मानव को बताएँ
कि विकास के नाम पर
हिंसा की आग में
समूची मानव-सभ्यता को
अब और अधिक न जलाएँ
बस, इतना करें
कि हिंसा के सारे उपचार
एक तरफ रख दें
मानव मन-पटल पर
'माँ'
जी हाँ
केवल 'माँ'
शब्द लिख दें –
और फिर लेकर
माँ का प्यार-दुलार
रच लें अनुपम
अनूठा अहिंसक संसार
जहाँ –
तितली के संग
पंखों के रंग
रंग और राग
अनुनय अनुराग

विश्वात्माँ

ओस कण पँखुरी
भरे मन–अँजुरी
अँजुरी में आस
करूणा की प्यास

मोरपंखी छुअन
यों छुए तन मन
बहे वन उपवन
लजवंती पवन

सुरभित वातास
रहे आस–पास
बसे साँस–साँस
श्रद्धा विश्वास

रचे अंग–अंग
इंद्रधनु रंग
बरसाए मेह
नेह नेह नेह

रहे हंस–धवल
यह मन का कँवल
लिखे वहाँ मीत
ममता के गीत

यहाँ और वहाँ
वहाँ और यहाँ
कहाँ कहाँ कहाँ
बस, जहाँ तहाँ

ये सारा जहाँ
ये जग दुधमुँहा
ये 'विश्वात्माँ'
जपे... माँ, माँ, माँ/

■ ■ ■

... मुझे इस बात का सर्वथा भान है कि ‘राष्ट्र माँ’ की संज्ञा अब न प्रचलन में है और न सहज स्वीकार्य। इसके उपरांत भी मैंने अपनी कृति ‘विश्वात्माँ’ में ‘राष्ट्र माँ’ और ‘विश्व माँ’ के अधिष्ठान की संकल्पना रखी है, जो कि माता के प्रति सृजन कृतज्ञता के संदर्भ में भारत का चिरंतन-चिंतन है- ***त्वं स्त्री, त्वं पुमान, त्वं कुमार उत वा कुमारी, त्वं जीर्णो दण्डकेन वंचसि, त्वं जातो भवसि विष्वतोमुखः*** (अर्थात तुम स्त्री भी हो और पुरूष भी हो, कुमार और कुमारी भी, तुम वंद्य, दंडव्रती, सर्वतोमुखी और स्वयंसिद्ध हो। - संदर्भः अथर्ववेद)

वास्तव में मेरी श्रद्धा का प्रस्थान बिंदु जन्मदायिनी माँ ही है। माँ मेरी दृष्टि में वह अमोघ उद्भव बिंदु है, जिसकी कक्षा में समस्त ब्रह्मांड, समस्त सृष्टि की परिधि रूपायित होती है। बिना उस नाभिकीय बिंदु/ज्यामितिक उत्स के न कोई कक्षा हो सकती है और न ही कोई स्वयं पूर्णाकार परिधि।

यों, भाषिक शब्दावली में ‘राष्ट्र’ और ‘विश्व’ शब्द पुल्लिंग भले ही हों परंतु अपने धातृ-आचरण के कारण वे मातृवत हैं। साहित्य की भाषा में कहा जाये तो यह मानस कार्य से कारण की अभिव्यंजना में प्रयुक्त अप्रस्तुत प्रशंसालंकार है। भारतीय कथा-किंवदंतियों में पुरूष देह से संतानजन्म के संदर्भ विरल नहीं हैं। परमहंस संहिता के नैमिषीयोपाख्यान में ब्रह्मा के शरीर से वाग्देवी सरस्वती समेत मरीचि, अत्रि, अंगिरा, पुलस्त्य, पुलह, कतु, भृगु और नारद जैसे ऋषियों के उत्पन्न होने का वर्णन है। इसलिये ऋषि परंपरा के अनुरूप मेरी भारतीय मानसिकता ने ‘राष्ट्र माँ’... ‘विश्व माँ’ जैसे शब्दों का प्रयोग दुविधारहित होकर किया है...

माँ की महिमा :
पिता की गरिमा

विश्वात्माँ

...'माँ' की 'महिमा' की जहाँ अपनी महत्ता है, वहीं 'पिता' की 'गरिमा' का भी अपना महत्व है। सामान्यतः 'माँ' के ममत्व के सुकोमल संस्पर्श को हम सहजता से अनुभूत कर लेते हैं परंतु 'पिता' के अंतर्मन के 'मौन' की भाषा को उतनी सहजता से स्वीकार नहीं कर पाते ।

'माँ' संवेदना के क्षणों में आँसू छलकाकर अपनी संवेदना अभिव्यक्त कर देती है, 'पिता' को भी ईश्वर ने आँसुओं की धरोहर दी है परंतु परिवार के मुखिया के दायित्व-निर्वाह-बोध के कारण, वह अपने आँसुओं को संयम के बांध में बांधे रखने के लिये विवश होता है। उसका दायित्व-बोध संवेदना के क्षणों में आँखों में छलके तरल आँसुओं को गरल की तरह कंठ में धारणकर, सांत्वना की अमृत वर्षा करता है। एक के पास संवेदना का मन भावन संस्पर्श है, तो दूसरे के पास सांत्वना का पावन परामर्श है।

शायद इसी कारण जीवन के सहज-सरल क्षणों में, हम 'माँ' की पूजा करते हैं और जीवन में आये विपदा के क्षणों में परम 'पिता' परमेश्वर का ही स्मरण करते हैं।

तिनका-तिनका, चुन-चुनकर बच्चों के लिये घरौंदा बनाने वाले, स्वयं अभावों में रहकर भी परिवार के लिये सुख-सुविधा-संसाधन जुटाने वाले, सुरक्षा-सुव्यवस्था के लिये अथक परिश्रम करने वाले 'माँ' और 'पिता' के व्यक्तित्व और अस्तित्व अलग-अलग नहीं है अपितु एक दूसरे के पूरक है।

'' विशाल हिमालय को

हमारी आँख देख सकती है,

परंतु उसी आँख में

आंजे गये सूक्ष्म काजल को

देखने के लिये

दर्पण की आवश्यकता होती है।''

'माँ' और 'पिता' का व्यक्तित्व भी विशाल हिमालय की तरह है। उसे हमारी आँख सहजता से देख सकती है परंतु दोनों के आत्मीयता के अस्तित्व के सूक्ष्म काजल को 'मन-दर्पण' में ही देखना संभव हो सकता है...

माँ की महिमा : पिता की गरिमा

आपके, मेरे, हम सबके
संघर्षशील कठोर जीवन में
नेह-सनेह की जो
स्निग्ध शीतल छाया है
कारण सहज साफ है
माँ ने अपने ममत्व की
स्निग्ध शीतल चाँदनी की
अमृत छाया के आंचल में
हमें सदा सुलाया है।
परंतु क्या हम सबको
इस रहस्य की बात पता है?
दिन भर आग में झुलसकर
माँ को,
स्निग्ध शीतल चाँदनी का
उपहार देने वाला और कोई नहीं
वह सूरज है,
जो आपका अपना पिता है।
आपका, मेरा, हम सबका
प्रफुल्लित मन
कमनीय कमल की तरह खिला है
कारण सहज साफ है
हमें माँ के ममत्व की
पावन सरिता में अवगाहन
करने का सौभाग्य-सुख मिला है,
परंतु क्या हम सबको
इस रहस्य की बात पता है?
सबल बाँहों का संरक्षण देकर

माँ के ममत्व की
पावन सरिता को
आप तक पहुँचाने वाला
और कोई नहीं
वह सक्षम तट है,
जो आपका अपना पिता है।
आपका, मेरा, हम सबका
जीवन निश्चय ही
एक अनमोल मोती है।
यह भी सच है
माँ और केवल माँ ही
अपनी कोख की सीपी में
हमारे जीवन मोती को संजोती है,
परंतु क्या हम सबको
इस रहस्य की बात पता है?
अपने वक्ष पर
तांडव करती उत्ताल तरंगों
अंतःस्थ में निरंतर होते
भीषण विस्फोटों,
और अंतर्मन को
मथते भयंकर तूफानों में,
सीपी को आश्रय-प्रश्रय देकर
विकसित करने वाला
और कोई नहीं
वह सागर है,
जो आपका अपना पिता है।

आपके, मेरे, हम सबके
जीवन बीज को अंकुरित कर
पल्लवित, पुष्पित करने की
जो अद्भुत कला है
इस कला का वरदान
माँ और केवल माँ को ही
ईश्वर की कृपा से मिला है,
परंतु क्या हम सबको
इस रहस्य की बात पता है?
अपने बलिष्ठ कांधों पर ढोकर
कठोर पर्वत से टकराकर
अंकुरित जीवन बीज को
पल्लवित, पुष्पित करने के लिये
आवश्यक जीवन जल को
बरसाने का दायित्व निभाने वाला
और कोई नहीं
वह बादल है,
जो आपका अपना पिता है।
आपके, मेरे, हम सबके
जीवन को आलोकित
करने के लिये,
माँ, बाती की तरह
तिल-तिल कर जलती है,
जलकर, हमारे जीवन में
घर-आंगन में,
ज्योति किरण फैलाती है।

हमारा जीवन, घर-आंगन
आलोकित हो, इसलिये
तिमिर के गरल को
चुपचाप पी जाती है,

    परंतु क्या हम सबको
    इस रहस्य की बात पता है?
बाती को प्रज्ज्वलित कर
सतत 'सनेह' की पूर्ति करने वाला
बाती की लौ की तपन को
अपनी छाती में सहने वाला
और प्रज्ज्वलित बाती से उपजी
कलुषित कालिमा को
अपने शीष पर
धारण करने वाला और कोई नहीं
वह दीपक है,
    जो आपका अपना पिता है।

प्रिय आत्मन,
इस विवेचन का उद्देश्य
माँ और पिता की
महत्ता की 'तुलना' करना नहीं है,
क्योंकि आज तक विश्व में
माँ की ममता
और पिता की क्षमता को
तौल सकने वाली
कोई भी 'तुला' नहीं बनी है।
माँ की 'मधुर ममता'
और पिता की 'अदम्य क्षमता' की
अपनी अपनी गरिमा है, महत्ता है।

दोनों एक दूसरे के पूरक हैं
दोनों के समन्वय से ही
हमारे जीवन को मिली पूर्णता है।
एक के बिना दूसरे का
अस्तित्व निष्फल, निरर्थक है,
व्यक्तित्व अपूर्ण अधूरा है।
पिता, उन्नत आकाश आशीष है,
तो माँ, पालन-पोषण करने वाली
पावन-मनभावन वसुंधरा है।

पिता, सुदृढ़ सबल पर्वत है
तो माँ उसमें से झर-झर झरता
स्वच्छ, निर्मल, धवल निर्झर है।
पिता, गहन-गंभीर गर्जन है
तो माँ, उसी की अनुगूंज
मोहक-मधुर लोरी का स्वर है।

पिता, संघर्ष की आग में तपकर
घर-परिवार के लिये जुटाता
साधन-सुविधा की तपन है,
तो माँ, उसी तपन में सेंककर
हमारी क्षुधापूर्ति के लिये करती
स्वादिष्ट रोटियों का सृजन है।

पिता, अथक-परिश्रम कर
हमारे आश्रय-प्रश्रय के लिये
'मकान' को मूर्तरूप देता है।
माँ का आत्मीय संस्पर्श
ईंट-पत्थर से बने 'मकान' को
'घर' में परिवर्तित कर लेता है।

पिता,
मस्तिष्क-शिखर का
अभिषेक है,
माँ, मन-मंदिर में
गुंजित आरती का स्वर है।
पिता,
जीवन की पुस्तिका का
रचयिता है,
माँ,
पुस्तिका की
भूमिका पर अंकित हस्ताक्षर है।
पिता का दिव्य-भव्य दर्शन
शुभ-मंगल कामना है,
माँ की सौम्य-शालीन सूरत
स्वयं ही शुभ-महूरत है।
    इसलिये,
    माँ या पिता, पिता या माँ
    नहीं-नहीं-नहीं,
    माँ और पिता, पिता और माँ,
    'दोनों' की ही, हमें ज़रूरत है।

पिता

विश्वात्मा

छोटी सी बच्ची अपने पिता के साथ जा रही थी। उफनती नदी पर बने पुल पर चलते समय वह डरने लगी। पिता बोले- 'बेटी डरो मत, मेरा हाथ पकड़ लो।' नन्ही बच्ची बोली- 'नहीं पिताजी, आप मेरा हाथ पकड़ लो।' पिता हँसे, बोले- 'दोनों में क्या अंतर है?' बच्ची ने जवाब दिया - 'अगर मैं आपका हाथ पकडूँ और अचानक कुछ हो जाए, तो संभव है कि मैं आपका हाथ छोड़ दूँ, लेकिन अगर आप मेरा हाथ पकड़ेंगे, तो मैं जानती हूँ कि कुछ भी हो जाए, आप मेरा हाथ कभी नहीं छोड़ेंगे।'

उपर्युक्त 'लघु कथा' पिता के मात्र उंगली थामने से मिले संबल को व्याख्यायित करती है, इसी तरह पिता का हर अंग-प्रत्यंग, हमारे जीवन के रंग-ढंग सुनिश्चित करता है। पिता के आचार-विचार हमें संस्कार देते हैं।

किसी व्यक्ति का हमारा पिता होना हमारे वश में नहीं है, वह एक नैसर्गिक प्रक्रिया है परंतु पिता के अंग-प्रत्यंग से हमारे जीवन के रंग-ढंग की प्रेरणा लेना हमारे वश में है। आचार-विचार से संस्कार सीखना हमारे वश में है।

'पिता' रचना के पार्श्व में, मेरा मानस केवल 'व्यक्ति' चित्रण नहीं है अपितु 'पिता' के 'व्यक्तित्व' को रेखांकित करना है। उनके समग्र व्यक्तित्व को यदि हम आत्मसात कर लें, तो जीवन में अपने आपको सक्षम बनाये रखना सहज-संभव हो सकता है।

मैंने अंतर्मन की अनुभूतियों को अपने संकलन- 'विश्वात्माँ' की रचनाओं में पिरोने का प्रयास किया है। सुधी पाठक जानते हैं, समस्त अनुभूतियों को शब्दों की भाषा में बांधना संभव नहीं हो पाता ...

"विषय व्यक्तित्व विपुल है
वर्णन करना मुश्किल है
बौनी लगती है भाषा
है कठिन करें परिभाषा
फिर भी करके अभ्यर्थन
ये शब्द सुमन हैं अर्पण-
'चरैवेति' चले चरण जो
उनमें ही हमें शरण दो ..."

पिता

आदरणीय,
आपका समग्र व्यक्तित्व है
भव्य, दिव्य, दैदीप्यमान।
उससे जीवन भर
आलोक ग्रहण करते रहे,
हमारे तन-मन-प्राण।
आपके समग्र व्यक्तित्व को
देखने, परखने का
कभी साहस नहीं हुआ।
हाँ, सम्पूर्ण व्यक्तित्व के
विभिन्न पहलुओं ने
अंतर्मन को निरंतर छुआ।
उस व्यक्तित्व के प्रति
हमारे मन में जो आदर,
अनुराग, अनुरक्ति है।
यह उसी
अनुभूति की
अनुप्रसक्ति की,
अभिरूत, अभिवंदित,
अभिव्यक्ति है।
आदरणीय,
जब भी स्मरण आती हैं,
आपके ललाट की
ललित रेखाएँ।

लगता है,
उनमें समाहित हैं,
दिक्-दिगंत,
दसों दिशाएँ।
ललाट की ललित
रेखाओं ने
दिया दिशा ज्ञान,
दिशा बोध।
इस कारण
जीवन में नहीं है –
कोई भटकाव,
कोई अवरोध।

    उन रेखाओं द्वारा
    दिया गया दिशा बोध
    इतना सटीक है, सही है।
    हमें और किसी से
    दिशा ज्ञान लेने की
    ज़रूरत ही नहीं है।

आदरणीय,
आपके नयनों से
झर-झर झरती नेह वृष्टि।
दृगों में दृष्टिगोचर
दूरंदेशी, दूरदर्शी, दूरदृष्टि।
हमें पास-पड़ोस में

नेह–सनेह का
पाठ पढ़ा गयी।
और साथ ही हमें
सुदूर देखने की
कला भी आ गयी।
उन नयनों की नेह वृष्टि
दूरंदेशी, दूरदर्शी, दूरदृष्टि
इतनी सटीक है, सही है।
हमें और किसी के
नयन–निर्देशों की
जरूरत ही नहीं है।
आदरणीय,
आपके अधरों की
ममतामयी मधुर मुस्कान।
अधरों की भाषा में
परिभाषित ज्ञान–विज्ञान।
दुःख में
मुस्कुराने का महामंत्र
मधुर मुस्कान ने हमें दिया।
और भाषा की
परिभाषा ने
जीवन का सत्य
उद्घाटित किया।

उन अधरों की भाषा
परिभाषित
जीवन परिभाषा
इतनी सटीक है, सही है।
हमें और किसी के
शब्द-संबोधनों की
ज़रूरत ही नहीं है।
आदरणीय,
आपके वज्रादपि सुदृढ़
वक्ष का आभास।
कुसुमादपि कोमल
अपनत्व का एहसास।
जहाँ सिखा गया
दृढ़ता से करना
जीवन संघर्ष
वहीं दे गया
सुकोमल अपनत्व,
आत्मीय संस्पर्श।
उस वक्ष की सुदृढ़ता
कमनीय कुसुम कोमलता
इतनी सटीक है, सही है।
हमें और किसी के
वक्ष के आश्रय-प्रश्रय की
जरूरत ही नहीं है।

पिता

आदरणीय,
आपके कर्मठ करकमल।
हमें कर्म के प्रति
प्रेरित करते हैं, हर पल।
　　　कर्मठ करकमलों से
　　　सीखी है, कर्म की प्रतिष्ठा।
　　　दीन दुखियों की सेवा
　　　समर्पण, शुचिता, निष्ठा।
　　　करकमलों की कर्मठता
　　　सेवा, समर्पण, शुचिता
　　　इतनी सटीक है, सही है।
　　　हमें और किसी की
　　　उंगली थामने की
　　　ज़रूरत ही नहीं है।
आदरणीय,
हमें आते हैं याद,
हम करते हैं स्मरण।
अथक चलते हुए
आपके पावन चरण।
आपने, अपने चरणों में
पथ-कंटक विलीन कर लिये।
और कंटक-रहित पगडंडी
छोड़ कर गये, हमारे लिये।

141

आपके चरणों द्वारा
निर्देशित लक्ष्य, प्रदर्शित पथ,
इतना सटीक है, सही है।
हमें और किसी के
चरण चिन्हों पर चलने की
ज़रूरत ही नहीं है।

विषय व्यक्तित्व विपुल है
वर्णन करना मुश्किल है।
बौनी लगती है भाषा
है कठिन करें परिभाषा।
फिर भी करके अभ्यर्थन।
ये शब्द सुमन हैं अर्पण –
"उन्नत ललाट शुचि माथा
कहता गुण गौरव गाथा
नयनों ने दी नव दृष्टि
दृष्टि में सिमटी सृष्टि
अधरों की अमृत वाणी
जन जीवन जग कल्याणी
वह सबल वक्ष का आश्रय
पावन पुनीत पथ प्रश्रय
करकमलों की कर्मठता
सुखमय शुभ सेवा शुचिता
'चरैवेति' चले चरण जो
उनमें ही हमें शरण दो।"

■ ■ ■

अनंत आनंदानुभूति

मैंने अंतर्मन की अनुभूतियों को 'विश्वात्माँ' में पिरोने का प्रयास किया है। सुधी पाठक जानते हैं, समस्त अनुभूतियों को शब्दों की भाषा में बांधना संभव नहीं हो पाता। कहा जाता है- ''जहाँ शब्द असमर्थ हो जाते है, वहाँ 'मौन' की भाषा मुखर हो जाती है।''

मौखर्य लाघवकरं मौननुन्नतिकारकम्।

मुखरं नूपुरं पादे कण्ठे हारौ विराजते।।

(मुखरता छोटा बनाती है और मौन उन्नति करने वाला होता है। मुखर नूपुर को पैर में और मौन हार को कंठ में पहना जाता है)- *बृहद विश्व सूक्ति कोष/८८१*

नूपुर की रुनझुन का अपना आनंद है- एक क्षण ऐसा आता है, जब यह रुनझुन मौन धारण कर लेती है परंतु उसकी अनुगूँज बनी रहती है। इस अनुगूँज को अंतर्मन में हम अनुभूत कर परम आनंद को अनुभूत करते हैं। इसी तरह काव्यानुभूति शब्दों के नूपुर की रुनझुन में अभिव्यक्त होती है- यहाँ भी एक क्षण ऐसा आता है, जब शब्द नहीं होते परंतु शब्दों की अनुगूँज बनी रहती है। 'विश्वात्माँ' में यह अनुगूँज आप अवश्य अनुभूत करेंगे... करते रहेंगे। यह आशा ही नहीं, मुझे पूर्ण विश्वास भी है...

इस अनुगूंज को शब्दों में ढालकर सुधी पाठकों तक पहुँचाने में कुशल संपादक श्री विनोद माहेश्वरी, सांसद श्री अविनाश पांडे, शिक्षामहर्षि पं. शंकरप्रसाद अग्निहोत्री, अंग्रेजी अनुवादक डॉ. ओम बियानी, प्रसिद्ध कवि डॉ. सागर खादीवाला, वरिष्ठ पत्रकार श्री जगदीश शाहू, समाज सेवक अॅड. अनिल किलोर सहित कई स्नेही स्वजनों ने जो योगदान दिया है, उनके प्रति 'आभार' शब्द बौना लगता है, हाँ, कृतज्ञता ज्ञापन मैं अपना कर्तव्य समझता हूँ।

मेरे अपने परिजन श्रीमती मधूलिका पांडेय, रंगशिल्पी श्री उमेश शर्मा, श्रीमती सुषमा शर्मा, श्रीमती प्रीति शर्मा, श्रीमती मधूली एवम् श्री स्वप्निल मांडवगड़े के प्रति 'आभार' 'कृतज्ञता' जैसे शब्द प्रयोग कर, मेरे प्रति उनकी आत्मीयता पर प्रश्न चिन्ह लगाने का साहस मुझमें नहीं है।

मधुप पांडेय